新疆维吾尔自治区
公路工程预算补充定额

主编单位:新疆维吾尔自治区交通运输厅

人民交通出版社股份有限公司

北 京

律 师 声 明

本书所有文字、数据、图像、版式设计、插图等均受中华人民共和国宪法和著作权法保护。未经人民交通出版社股份有限公司同意，任何单位、组织、个人不得以任何方式对本作品进行全部或局部的复制、转载、出版或变相出版。

任何侵犯本书权益的行为，人民交通出版社股份有限公司将依法追究其法律责任。

有奖举报电话：(010)85285150

北京市星河律师事务所
2017 年 10 月 31 日

图书在版编目(CIP)数据

新疆维吾尔自治区公路工程预算补充定额／新疆维吾尔自治区交通运输厅主编. — 北京：人民交通出版社股份有限公司，2022.7
ISBN 978-7-114-18087-3

Ⅰ.①新… Ⅱ.①新… Ⅲ.①道路工程—基本建设项目—预算编制—标准—新疆 Ⅳ.①U415.13-65

中国版本图书馆 CIP 数据核字(2022)第 121415 号

Xinjiang Uygur Zizhiqu Gonglu Gongcheng Yusuan Buchong Ding'e

标准名称：	新疆维吾尔自治区公路工程预算补充定额
主编单位：	新疆维吾尔自治区交通运输厅
责任编辑：	刘永超　侯蓓蓓　石　遥
责任校对：	赵媛媛　魏佳宁
责任印制：	刘高彤
出版发行：	人民交通出版社股份有限公司
地　　址：	(100011)北京市朝阳区安定门外外馆斜街 3 号
网　　址：	http://www.ccpcl.com.cn
销售电话：	(010)59757973
总 经 销：	人民交通出版社股份有限公司发行部
经　　销：	各地新华书店
印　　刷：	北京市密东印刷有限公司
开　　本：	880×1230　1/32
印　　张：	2.125
字　　数：	68 千
版　　次：	2022 年 7 月　第 1 版
印　　次：	2022 年 7 月　第 1 次印刷
书　　号：	ISBN 978-7-114-18087-3
定　　价：	50.00 元

(有印刷、装订质量问题的图书，由本公司负责调换)

关于印发《新疆维吾尔自治区公路工程预算补充定额》的通知

新交建管〔2021〕78号

伊犁哈萨克自治州交通运输局，各地(州、市)交通运输局，交通建设管理局、公路管理局、交投集团：

为加强我区公路工程造价管理，合理确定和有效控制我区公路工程建设项目投资，根据交通运输部《公路工程建设项目概算预算编制办法》(JTG 3830—2018)、《公路工程预算定额》(JTG/T 3832—2018)等有关规定，结合我区公路工程建设实际，编制完成了《新疆维吾尔自治区公路工程预算补充定额》(以下简称"补充定额")，现印发给你们，有关事项通知如下：

一、补充定额由自治区交通运输厅负责管理，日常解释和管理工作由自治区公路工程造价管理局负责。请有关单位注意在实践中总结经验，及时将发现的问题和修改建议函告自治区公路工程造价管理局。

二、补充定额自发布之日起施行。原《关于发布〈新疆维吾尔自治区公路工程预算补充定额〉的通知》(新交造价〔2008〕2号)同时废止。

附件：新疆维吾尔自治区公路工程预算补充定额（电子版在自治区交通运输厅官方网站政务公告栏下载）

新疆维吾尔自治区交通运输厅
2021 年 11 月 29 日

（联系人：徐小勇 5280502；员兰 5281605）

抄送：厅有关领导，厅综合规划处、建设管理处、公路管理处、农村公路管理处、财务处、审计处，规划中心、造价局，存档。

新疆维吾尔自治区交通运输厅办公室　　　　　　　　　　　　2021 年 11 月 29 日印发

《新疆维吾尔自治区公路工程预算补充定额》编审委员会

主 编 单 位：新疆维吾尔自治区交通运输厅
参 编 单 位：新疆维吾尔自治区公路工程造价管理局
　　　　　　北京中交京纬造价技术有限公司
　　　　　　新疆交通规划勘察设计研究院有限公司

审定委员会

主 任 委 员：李学东
副主任委员：艾山江·艾合买提　王永轩　郭　胜　高仙桂　郑明权
委　　　员：段明社　孙宪魁　孔令忠　潘林伍　陈建壮　孙　进　叶　涛　孟令杰　王　燕
　　　　　　阿合买江·尤努斯　李国华　孙泽强　余宏泰　李建国　时德明　刘茹吟　王　洁
　　　　　　董　泓　海自玲　罗凤玉　杨　华

编写人员

主　　　编：张崇新　员　兰　周欣弘　董再更　张孝阳
编写人员：张　潇　杨传萍　袁　玮　吴洪辉　胡振山　李淑玲　朱玉萍　安敏辉　安　磊
　　　　　　姚博仁　王广平　徐小勇　董迎娣　张柏玲　吴继春　龙炎炎　胡雄威　敬朝宏
　　　　　　李晓娜　王　红　李永红　林东明　韩　锋　谢　江　胡永康

总 说 明

一、《新疆维吾尔自治区公路工程预算补充定额》(以下简称"本补充定额")与交通运输部《公路工程预算定额》(JTG/T 3832—2018)配套使用。

二、本补充定额包括路基工程、路面工程、桥涵工程、绿化工程、材料采集及加工,及补充机械台班费用定额和新增材料。

三、本补充定额的基价是人工费、材料费、机械使用费的合计价值。基价中的人工工日单价、材料费单价是按《公路工程预算定额》(JTG/T 3832—2018)基价取定,新增材料单价按乌鲁木齐市市场调查单价计算,机械台班单价按《公路工程机械台班费用定额》(JTG/T 3833—2018)规定计算,新增机械按本补充定额中"新增机械台班费用定额"计算。

目 录

第一章　路基工程 ·· 1
说明 ··· 1

 1-2-20 新　盐渍土路基隔断层 ·· 3
 1-2-21 新　路基注浆加固 ·· 4
 1-2-22 新　采空区处治 ·· 5
 1-4-28 新　格宾网填石防护 ·· 10
 1-4-29 新　液压夯夯实填料※ ·· 11

第二章　路面工程 ·· 12
说明 ··· 12

 2-1-16 新　天然砂砾底基层 ·· 14
 2-1-17 新　级配砂砾基层 ·· 15
 2-1-18 新　沥青路面厂拌热再生拌和 ·· 16
 2-1-19 新　沥青路面就地复拌热再生※ ·· 18
 2-1-20 新　沥青路面厂拌冷再生※ ·· 20
 2-1-21 新　沥青路面就地冷再生※ ·· 22
 2-2-23 新　沥青砾石混合料拌和 ·· 24
 2-2-24 新　辊轴整平机摊铺水泥混凝土路面 ·· 25
 2-2-25 新　沥青碎石同步封层 ·· 27

第四章　桥涵工程	28
说明	28
4－6－17新　现浇混凝土缘(帽)石	30
4－8－8新　平板拖车运输钢管拱钢构件	32
4－10－17新　钢管拱主管制作	34
4－10－18新　钢管拱平弦件制作及组焊	35
4－10－19新　钢管拱喷砂除锈	37
4－10－20新　钢管拱喷铝	38
4－10－21新　钢管拱喷漆	39
第六章　绿化及环境保护工程	40
说明	40
6－1－12新　人工换土	41
6－1－13新　整理绿化地	43
第八章　材料采集及加工	44
说明	44
8－1－12新　采砂、砾石、砂砾	45
8－1－13新　机械轧碎石	48
8－1－14新　联合碎石设备安拆	49
附录一　新增材料代号、单位质量、基价表	51
附录二　新增机械台班费用定额	53

第一章 路基工程

说 明

1. 本章定额包括盐渍土路基隔断层、路基注浆加固、采空区处治、格宾网填石防护、液压夯夯实填料项目。
2. 路基注浆加固定额中未包括添加剂,水泥浆设计配合比与定额不符时可以调整。
3. 钻机钻孔定额中关于土石的划分:
   (1) 砂、土类:粒径不大于2mm的土(包括砂、砂性土以及各种土)。
   (2) 砂砾、卵石类:包括砂砾、砾石、卵石等。
     砂砾:粒径2mm~20mm的角砾、圆砾含量(指质量比,下同)小于或等于50%,包括礓石及粒状风化。
     砾石:粒径2mm~20mm的角砾、圆砾含量大于50%,有时还包括粒径20mm~200mm的碎石、卵石,其含量在10%以内,包括块状风化。
     卵石:粒径20mm~200mm的碎石、卵石含量大于10%,有时还包括块石、漂石,其含量在10%以内,包括块状风化。
   (3) 软石:饱和单轴极限抗压强度在40MPa以下的各类松软的岩石,如胶结不紧的砾岩、泥质页岩、砾岩、页岩、泥灰岩、软而节理较多的石灰岩等。
   (4) 次坚石:饱和单轴极限抗压强度在40MPa~100MPa的各类较坚硬的岩石,如硅质页岩、硅质砂岩、石灰岩等。

4. 工程量计算规则：

（1）钻孔深度按照开孔高程与采空区底高程之差计算，钻孔中同一孔内的不同土质，不论其所在的深度如何，均采用总孔深定额。

（2）充填固结注浆定额中注浆液按水泥、粉煤灰浆液，水固比为1∶1.2，固相比为2∶8。若设计配合比与定额不同时，水泥、粉煤灰材料可按下式进行换算。

$$S_i = \frac{S_d}{L_d} \times L_i$$

式中：S_i——按设计配合比计算后的注浆液各组成材料数量；

S_d——设计配合比中注浆液各组成材料数量比（重量比）；

L_d——定额中注浆液各组成材料数量比（重量比）（水∶水泥∶粉煤灰＝1∶0.24∶0.96）；

L_i——定额中注浆液各组成材料数量。

（3）帷幕注浆定额中注浆液按水泥、粉煤灰、水玻璃浆液，水固比为1∶1.2，固相比为2∶8，水玻璃用量为水泥用量的3%编制。若设计配合比与定额不同时，水泥、粉煤灰材料换算可按照(2)的公式计算。

按设计配合比计算后的水玻璃数量＝按设计配合比计算后的水泥数量×设计水玻璃用量比。

（4）注浆定额中人工、机械消耗量不得随注浆液设计配合比的变化而调整；施工中输液管道、阀门等已在定额中摊销，不得再计。

1-2-20新 盐渍土路基隔断层

工程内容 铺设土工布:1)放样,清扫检查下层;2)铺设土工材料。
砾石:1)放样,整理下承层;2)摊铺砾石,整平,碾压。

单位:表列单位

顺序号	项 目	单位	代 号	铺设土工布 1000m²	砾石 1000m³
				1	2
1	人工	工日	1001001	2.0	2.5
2	土工布	m²	5007001	1050.00	-
3	砾石(8cm)	m³	5505004	-	1224.000
4	其他材料费	元	7801001	7.3	-
5	105kW以内履带式推土机	台班	8001004	-	0.89
6	150kW以内自行式平地机	台班	8001060	-	0.34
7	15t以内振动压路机	台班	8001089	-	0.34
8	基价	元	9999001	4703	73480

1－2－21新 路基注浆加固

工程内容　钻孔:1)准备,放样;2)确定孔位;3)钻机就位,钻孔;4)钻机转移;5)场地清理。
　　　　　　注浆:1)制备水泥浆;2)清孔,插拔注浆管、压浆;3)清洗压浆设备;4)清理场地。

单位:表列单位

顺序号	项目	单位	代号	钻孔 10m	注浆 10m³
				1	2
1	人工	工日	1001001	0.6	2.2
2	水泥浆(42.5,水灰比1.0)	m³	1501024新	－	(10.500)
3	φ50mm以内合金钻头	个	2009004	0.1	－
4	水	m³	3005004	1	10
5	42.5级水泥	t	5509002	－	8.320
6	其他材料费	元	7801001	6.0	15.1
7	200L以内灰浆搅拌机	台班	8005009	－	0.87
8	注浆泵	台班	8025021新	－	0.87
9	XU-100型地质钻机	台班	8025024新	0.40	－
10	小型机具使用费	元	8099001	26.9	3.1
11	基价	元	9999001	213	3522

1-2-22新 采空区处治

Ⅰ.钻机钻孔

工程内容 1)平整工作面;2)钻机就位,钻孔;3)清孔,孔位转移等钻孔全部工序。

单位:100m

顺序号	项目	单位	代号	钻孔深度(m)											
				100以内			150以内			250以内			250以上		
				砂、土	砾、卵石	软石	砂、土	砾、卵石	软石	砂、土	砾、卵石	软石	砂、土	砾、卵石	软石
				1	2	3	4	5	6	7	8	9	10	11	12
1	人工	工日	1001001	6.2	7.3	8.0	6.9	7.5	8.1	7.5	7.9	8.4	7.9	8.2	8.6
2	φ89mm全破碎复合片钻头	个	2009503新	-	-	0.25	-	-	0.25	-	-	-	-	-	-
3	φ127mm全破碎复合片钻头	个	2009038	0.22	0.25	-	0.22	0.25	-	-	-	-	-	-	-
4	φ73mm复合片取芯钻头	个	2009041	-	-	0.24	-	-	0.24	-	-	0.24	-	-	0.24
5	φ110mm潜孔钻头	个	2009505新	-	-	-	-	-	-	0.08	0.09	0.11	0.08	0.09	0.11
6	HD35潜孔冲击器	个	2009506新	-	-	-	-	-	-	0.03	0.04	0.04	0.03	0.04	0.04
7	φ127mm复合片取芯钻头	个	2009508新	-	-	0.21	-	-	0.21	-	-	0.21	-	-	0.21
8	φ73mm岩心管	m	2009509新	-	-	0.2	-	-	0.2	-	-	0.2	-	-	0.2
9	φ127mm岩心管	m	2009510新	-	-	0.3	-	-	0.3	-	-	0.3	-	-	0.3
10	φ50mm钻杆	m	2009511新	1.1	1.3	4.1	1.1	1.3	4.1	-	-	-	-	-	-

续前页

单位:100m

顺序号	项目	单位	代号	钻孔深度(m)									
				100 以内			150 以内			250 以内			250 以上		
				砂、土	砾、卵石	软石	砂、土	砾、卵石	软石	砂、土	砾、卵石	软石	砂、土	砾、卵石	软石
				1	2	3	4	5	6	7	8	9	10	11	12
11	φ50mm 钻杆锁接手	副	2009512 新	1.6	2.2	6.2	1.8	2.4	6.2	—	—	—	—	—	—
12	φ89mm 钻杆	m	2009513 新	—	—	—	—	—	—	0.5	1.4	1.8	0.5	1.4	1.8
13	φ89mm 钻杆锁接手	副	2009514 新	—	—	—	—	—	—	0.8	2.1	2.9	0.8	2.1	2.9
14	水	m³	3005004	60	350	390	60	350	390	60	350	390	60	350	390
15	其他材料费	元	7801001	9.0	9.0	9.0	9.0	9.0	9.0	9.0	9.0	9.0	9.0	9.0	9.0
16	20m³/min 以内电动空气压缩机	台班	8017045	—	—	—	—	—	—	0.47	0.51	0.56	0.55	0.57	0.69
17	HJG300C 水井钻机	台班	8025055 新	—	—	—	—	—	—	1.95	2.13	2.29	2.06	2.19	2.31
18	XY-4 型地质钻机(200m)	台班	8025056 新	2.09	2.90	3.23	2.60	2.90	3.42	—	—	—	—	—	—
19	基价	元	9999001	2490	3886	4994	2797	3929	5083	2980	4477	5447	3145	4588	5571

Ⅱ. 注 浆

工程内容 1)冲洗钻孔;2)运料;3)集中制浆;4)灌浆;5)封孔;6)孔位转移等。

单位:100m³

顺序号	项 目	单位	代 号	注浆孔深度(m)						
				50以内	100以内	150以内	200以内	250以内	300以内	300以上
				13	14	15	16	17	18	19
1	人工	工日	1001001	2.6	2.6	2.7	2.8	2.8	2.9	2.9
2	水	m³	3005004	70	70	70	70	70	70	70
3	水泥粉煤灰浆液	m³	1501025新	(102.500)	(102.500)	(102.500)	(102.500)	(102.500)	(102.500)	(102.500)
4	42.5级水泥	t	5509002	17.136	17.136	17.136	17.136	17.136	17.136	17.136
5	粉煤灰	t	5501009	46.700	46.700	46.700	46.700	46.700	46.700	46.700
6	其他材料费	元	7801001	8.1	8.1	8.1	8.1	8.1	8.1	8.1
7	1.0m³以内轮胎式装载机	台班	8001045	0.24	0.24	0.24	0.24	0.24	0.24	0.24
8	50mm以内电动单级离心清水泵	台班	8013001	0.23	0.23	0.23	0.23	0.23	0.23	0.23
9	电动搅拌机	台班	8025057新	2.41	2.41	2.41	2.41	2.41	2.41	2.41
10	泥浆泵(BW-250)(15m³/h以内水泥粉煤灰浆输送泵)	台班	8025058新	1.10	1.11	1.12	1.13	1.15	1.17	1.21
11	基价	元	9999001	14233	14236	14251	14265	14272	14290	14304

Ⅲ. 帷幕孔注浆

工程内容 1）冲洗钻孔；2）运料；3）集中制浆；4）灌浆；5）封孔；6）孔位转移等。

单位：100m³

顺序号	项目	单位	代号	注浆深度（m）						
				50以内	100以内	150以内	200以内	250以内	300以内	300以上
				20	21	22	23	24	25	26
1	人工	工日	1001001	3.1	3.2	3.2	3.3	3.4	3.4	3.5
2	水泥粉煤灰浆液	m³	1501025新	(102.500)	(102.500)	(102.500)	(102.500)	(102.500)	(102.500)	(102.500)
3	水	m³	3005004	70	70	70	70	70	70	70
4	水玻璃	kg	5009011	514.1	514.1	514.1	514.1	514.1	514.1	514.1
5	42.5级水泥	t	5509002	17.136	17.136	17.136	17.136	17.136	17.136	17.136
6	粉煤灰	t	5501009	46.700	46.700	46.700	46.700	46.700	46.700	46.700
7	其他材料费	元	7801001	8.1	8.1	8.1	8.1	8.1	8.1	8.1
8	1.0m³以内轮胎式装载机	台班	8001045	0.24	0.24	0.24	0.24	0.24	0.24	0.24
9	50mm以内电动单级离心清水泵	台班	8013001	0.23	0.23	0.23	0.23	0.23	0.23	0.23
10	电动搅拌机	台班	8025057新	2.41	2.41	2.41	2.41	2.41	2.41	2.41
11	泥浆泵（BW-250）（15m³/h以内水泥粉煤灰浆输送泵）	台班	8025058新	1.10	1.11	1.12	1.13	1.13	1.14	1.21
12	基价	元	9999001	15206	15220	15224	15238	15249	15252	15288

Ⅳ. 孔口管、注浆管安装

工程内容 1）孔口管加工,安装；2）浇筑水泥浆封孔等全部工序。

单位：表列单位

顺序号	项 目	单位	代 号	安装孔口管、注浆管（φ50mmPPR 管）	
				浇筑孔口管	安装注浆管
				10 孔	100m
				27	28
1	人工	工日	1001001	1.7	3.4
2	电焊条	kg	2009011	1.5	—
3	φ120mm 法兰盘	个	2009515 新	10	—
4	水	m³	3005004	4	—
5	φ50mmPPR 注浆管	m	5001840 新	—	106.0
6	42.5 级水泥	t	5509002	2.167	—
7	其他材料费	元	7801001	3.8	50.0
8	21kV·A 以内交流电弧焊机	台班	8015027	0.49	—
9	XY-4 型地质钻机(200m)	台班	8025056 新	—	0.89
10	小型机具使用费	元	8099001	1.2	29.6
11	基价	元	9999001	1434	3989

1-4-28新　格宾网填石防护

工程内容　1)基底整平;2)格宾网箱布设;3)填筑片石;4)网箱绞边,面板加强。

单位:10m³

顺序号	项　目	单位	代　号	格宾网填石防护
				1
1	人工	工日	1001001	3.8
2	格宾网(孔径80mm×100mm)	m²	2009516新	46.7
3	片石	m³	5505005	12.500
4	其他材料费	元	7801001	16.1
5	小型机具使用费	元	8099001	3.9
6	基价	元	9999001	2073

注:如需洒水,备水费用另行计算。

1-4-29新 液压夯夯实填料※

工程内容 1)填料分层填筑;2)液压夯夯实填料。

单位:100m³

顺序号	项 目	单位	代 号	液压夯夯实填料
				1
1	人工	工日	1001001	0.5
2	设备摊销费	元	7901001	34.5
3	2.0m³以内履带式液压单斗挖掘机	台班	8001030	0.46
4	基价	元	9999001	778

第二章 路面工程

说 明

1. 本章定额包括天然砂砾底基层、级配砂砾基层、沥青路面厂拌热再生拌和、沥青路面就地复拌热再生、沥青路面厂拌冷再生、沥青路面就地冷再生、沥青砾石混合料拌和、辊轴整平机摊铺水泥混凝土路面、沥青碎石同步封层定额项目。

2. 天然砂砾底基层定额适用于符合级配、粒径等技术要求的天然砂砾直接铺筑底基层计价,也适用于便道上的砂砾路面计价。

3. 级配砂砾基层定额适用于符合级配、塑性指数在规范值以内的砂砾直接铺筑基层的计价,当级配和塑性指数不满足技术要求应当掺配时,执行部颁定额。

4. 天然砂砾底基层、级配砂砾基层定额中 10000L 洒水汽车台班消耗量仅适用于平均运距 10km 以内,当运距超过 10km 时每增运 1km,每 1000m² 路面(不分厚度)增加 0.03 台班消耗量。

5. 沥青砾石混合料拌和定额当采用破口砾石掺配时,调整砾石单价,不再调整定额消耗量;混合料运输、铺筑执行部颁定额。

6. 辊轴整平机摊铺水泥混凝土路面定额仅适用于平均运距 15km 以内,当混凝土运距超过 15km 时,应按社会运价运率计算运费。

7. 中粒式沥青砾石混合料油石比为 3.8%,压实干密度为 2.365t/m³,细粒式沥青砾石混合料油石比为 4.1%,

压实干密度为2.359t/m³,设计油石比与定额不同时可调整相关材料。

8. 回收沥青路面材料(RAP)按结构实体体积计算,回收沥青路面材料(RAP)的预处理定额综合了20m以内废料集堆、场内清运,未包括废料远运费用。如需远运时,另行计算。

9. 沥青混合料和沥青再生混合料定额中均已包括混合料拌和、运输、摊铺作业时的损耗,路面实体按路面设计平均面积乘以压实厚度计算;若使用改性沥青代替石油沥青,可对相关材料进行抽换。

10. 乳化沥青厂拌混合料运输可执行沥青混合料运输定额。

11. 沥青路面定额中均未包括为保证石料与沥青的黏附性而采用的抗剥离措施的费用,需要时应根据石料的性质,按设计提出的抗剥离措施,计算其费用。

12. 沥青再生定额中的材料消耗量是按一定配合比编制的,当设计配合比与定额标明的配合比不同时,有关材料可按下式进行换算:

$$C_i = C_d \frac{L_i}{L_d}$$

式中:C_i——按设计配合比换算后的材料数量;

C_d——定额中的材料数量;

L_i——设计配合比的材料百分率;

L_d——定额中标明的材料百分率。

2-1-16新　天然砂砾底基层

工程内容　1)清扫整理下承层;2)铺料,平整;3)洒水、碾压、找补。

单位:1000m²

顺序号	项　目	单位	代　号	压实厚度20cm	每增减1cm
				1	2
1	人工	工日	1001001	0.9	—
2	天然砂砾	m³	5503008	255.000	12.750
3	120kW以内自行式平地机	台班	8001058	0.27	—
4	15t以内振动压路机	台班	8001089	0.43	—
5	10000L以内洒水汽车	台班	8007043	0.38	0.01
6	基价	元	9999001	6005	246

2-1-17 新 级配砂砾基层

工程内容 1)清扫整理下承层;2)铺料,洒水,拌和;3)整型,碾压,找补。

单位:1000m²

顺序号	项 目	单位	代 号	压实厚度20cm 1	每增减1cm 2
1	人工	工日	1001001	4.6	0.2
2	级配砂砾	m³	5505031新	255.000	12.750
3	120kW以内自行式平地机	台班	8001058	0.22	—
4	10t以内振动压路机	台班	8001088	0.28	—
5	10000L以内洒水汽车	台班	8007043	0.21	0.01
6	基价	元	9999001	8911	416

2-1-18新 沥青路面厂拌热再生拌和

工程内容 回收沥青路面材料(RAP)的预处理:1)废料场内运输;2)破碎,筛分,分别堆放。
再生混合料拌和:1)沥青加热,保温,输送;2)装载机铲运配运新旧料;3)添加沥青再生剂;4)新旧料加热烘干;5)拌和,出料。

单位:1000m³ 路面实体

顺序号	项目	单位	代号	回收沥青路面材料(RAP)的预处理	再生混合料拌和		
					粗粒式	中粒式	细粒式
				1	2	3	4
1	人工	工日	1001001	11.4	38.9	38.9	38.9
2	回收沥青路面材料(RAP)	m³	1505050新	-	(513.040)	(306.910)	(204.000)
3	细粒式沥青再生混凝土	m³	1505051新	-	-	-	(1020.000)
4	中粒式沥青再生混凝土	m³	1505052新	-	-	(1020.000)	-
5	粗粒式沥青再生混凝土	m³	1505053新	-	(1020.000)	-	-
6	石油沥青	t	3001001	-	58.268	80.724	101.268
7	矿粉	t	5503013	-	60.602	42.770	49.399
8	路面用石屑	m³	5503015	-	279.780	312.610	377.320
9	路面用碎石(1.5cm)	m³	5505017	-	113.240	290.330	482.440
10	路面用碎石(2.5cm)	m³	5505018	-	177.950	435.490	-
11	路面用碎石(3.5cm)	m³	5505019	-	242.660	-	-

续前页

单位:1000m³ 路面实体

顺序号	项目	单位	代号	回收沥青路面材料（RAP）的预处理	再生混合料拌和		
					粗粒式	中粒式	细粒式
				1	2	3	4
12	沥青再生剂	t	5003011	–	3.924	2.555	2.201
13	其他材料费	元	7801001	–	186.1	223.3	279.1
14	设备摊销费	元	7901001	–	2233.0	2393.4	2584.8
15	2.0m³ 以内轮胎式装载机	台班	8001047	6.25	7.10	7.10	7.10
16	240t/h 以内沥青混合料拌和设备	台班	8003052	–	2.20	1.99	1.79
17	5t 以内自卸汽车	台班	8007012	–	2.63	2.63	2.63
18	10×0.5m 皮带运输机	台班	8009108	4.11	–	–	–
19	30×0.5m 皮带运输机	台班	8009111	2.06	–	–	–
20	140t/h 以内反击式破碎机	台班	8015073	1.94	–	–	–
21	生产率120t/h 偏心振动筛	台班	8015083	1.97	–	–	–
22	基价	元	9999001	10901	519849	613720	679084

注：1. 定额中回收沥青路面材料（RAP）的掺配比分别为50%、30%、20%，当设计掺配比例与定额不一致时，可调整相应材料消耗量。
2. 定额中回收沥青路面材料（RAP）的体积为路面压实方；定额中未包含回收沥青路面材料（RAP）的运输，应按铣刨废料运输定额另行计算。
3. 定额中未包含再生混合料的运输及摊铺，应按沥青混凝土混合料的运输及摊铺定额另行计算。

2－1－19新　沥青路面就地复拌热再生※

工程内容　1)清扫,划导向线;2)路面加热;3)路面铣刨,添加新料和再生剂,就地复拌;4)摊铺,碾压;5)接缝处理。

单位:1000m³ 路面实体

顺序号	项目	单位	代号	就地复拌热再生
				1
1	人工	工日	1001001	110.0
2	细粒式沥青混凝土	m³	1505007	(135.250)
3	回收沥青路面材料(RAP)	m³	1505050新	(887.500)
4	石油沥青	t	3001001	8.800
5	沥青再生剂	t	5003011新	2.660
6	其他材料费	元	7801001	2187.5
7	容量4000L以内液态沥青运输车	台班	8003031	2.75
8	15t以内振动压路机双钢轮机械	台班	8003064	9.00
9	20~25t轮胎式压路机机械	台班	8003068	4.75
10	客货两用车	台班	8007127	3.25
11	8t以内载货汽车	台班	8007006	2.00
12	60t以内平板拖车组	台班	8007028	0.50
13	8000L以内洒水汽车	台班	8007042	3.25
14	就地热再生路面加热机(红外加热方式)	台班	8025022新	21.50

续前页　　　　　　　　　　　　　　　　　　　　　　　　　　　　单位：1000m³ 路面实体

顺序号	项目	单位	代号	就地复拌热再生 1
15	就地热再生加热复拌机（红外加热方式）	台班	8025020新	9.25
16	小型机具使用费	元	8099001	782.5
17	基价	元	9999001	788291

注：1.定额中未包含新沥青混合料的拌和及运输费用，需要时参照相关定额另行计算。
　　2.定额中旧沥青路面混合料的压实干密度比为2.41t/m³，新沥青混合料占再生混合料的质量比为13%，再生剂用量为旧沥青路面混合料体积的0.3%，外掺新沥青用量为旧沥青混合料质量的0.41%，设计不同时可调整相应的消耗量。

2-1-20新 沥青路面厂拌冷再生※

工作内容 厂拌冷再生拌和:1)乳化沥青的制作,储存,输送;2)装载机运料,上料;3)添加稳定剂,拌和,出料。
厂拌冷再生摊铺:1)冷再生混合料机械摊铺,整型;2)碾压;3)初期养护。

单位:1000m³ 路面实体

顺序号	项 目	单位	代 号	厂拌冷再生乳化沥青拌和 1	厂拌冷再生乳化沥青摊铺 2
1	人工	工日	1001001	33.0	41.9
2	乳化沥青再生混合料	m³	1505054	(1020.000)	-
3	回收沥青料路面材料(RAP)	m³	1505050	(750.670)	-
4	42.5级水泥	t	5509002	33.780	-
5	乳化沥青	t	3001005	78.820	-
6	水	m³	3005004	135.000	-
7	矿粉	t	5503013	45.040	-
8	路面用碎石(2.5cm)	m³	5505018	340.540	-
9	其他材料费	元	7801001	223.3	-
10	设备摊销费	元	7901001	2289.7	-
11	2m³ 轮胎式装载机	台班	8001047	6.84	-
12	20t 以内振动压路机	台班	8001090	-	-
13	6.0m 以内沥青混合料摊铺机	台班	8003058	-	4.59

续前页　　　　　　　　　　　　　　　　　　　　　　　　　　　　　　　单位：1000m³ 路面实体

顺序号	项 目	单位	代 号	厂拌冷再生乳化沥青拌和 1	厂拌冷再生乳化沥青摊铺 2
14	15t 以内振动压路机(双钢轮)	台班	8003065	-	6.69
15	25~30t 轮胎式压路机	台班	8003069	-	20.43
16	10000L 以内洒水汽车	台班	8007043	-	0.61
17	320t/h 以内固定式冷再生厂拌设备	台班	8025023 新	2.43	-
18	基价	元	9999001	340446	50590

注：1. 本定额未包含沥青回收材料路面材料(RAP)的运输及预处理费用，应套用相应的定额另行计算。

2. 定额中的回收沥青料体积为路面压实方。

3. 本补充定额按配合比 15~25mm 碎石：0~30mmRAP：矿粉 = 23%：75%：2%，外掺乳化沥青 3.5%，外掺水泥 1.5%，用水量 6%，相对密度 2.208t/m³ 编制，面层现场实测厚度9cm，配合比与实际不符时根据实际设计配合比进行抽换。

2-1-21新 沥青路面就地冷再生※

工作内容 1)对就地冷再生前原道路进行预整;2)施工放样,撒布水泥;3)铣刨路面,添加新集料,稳定剂和水拌和,接缝处理;4)预压实,整平,压实及养生。

单位:1000m³ 路面实体

顺序号	项 目	单位	代 号	沥青路面就地冷再生(乳化沥青稳定剂)
				1
1	人工	工日	1001001	85.0
2	42.5级水泥	t	5509002	37.500
3	乳化沥青	t	3001005	100.900
4	水	m³	3005004	160.000
5	砂	m³	5503004	64.600
6	矿粉	t	5503013	25.200
7	路面用碎石(1.5cm)	m³	5505017	202.500
8	其他材料费	元	7801001	1437.0
9	设备摊销费	元	7901001	1496.0
10	2.0m³以内轮胎式装载机	台班	8001047	1.30
11	150kW以内自行式平地机	台班	8001060	0.81
12	18~21t光轮压路机	台班	8001083	1.20
13	4000以内液态沥青运输车	台班	8003031	1.20

续前页 单位:1000m³ 路面实体

顺序号	项目	单位	代号	沥青路面就地冷再生(乳化沥青稳定剂)
				1
14	12t以内振动压路机(双钢轮)	台班	8003064	0.89
15	20~25t轮胎式压路机	台班	8003068	0.41
16	8t以内自卸汽车	台班	8007014	2.70
17	8000L以内洒水汽车	台班	8007042	6.49
18	2000mm轮式就地冷再生机	台班	8003110新	1.10
19	基价	元	9999001	414877

注:本定额中的稳定剂及添加集料用量(乳化沥青、砂、矿粉及路面用碎石)按常规计算,若与实际用量不同时,可进行调整。

2-2-23新 沥青砾石混合料拌和

工程内容 1)沥青加热,保温,输送;2)装载机铲运料,上料,运配料;3)矿料加热烘干;4)拌和,出料。

单位:1000m³ 路面实体

顺序号	项 目	单位	代 号	沥青混合料拌和设备生产能力(t/h)	
				60 以内	
				细粒式	中粒式
				1	2
1	人工	工日	1001001	31.0	31.0
2	沥青砾石混合料	m³	—	(1020.0)	(1020.0)
3	石油沥青	t	3001001	101.613	94.417
4	路面用机制砂	m³	5503006	285.420	—
5	路面用石屑	m³	5503015	326.377	441.850
6	矿粉	t	5503013	71.303	71.708
7	路面用砾石(1.5cm)	m³	5505037新	832.488	774.670
8	路面用砾石(2.5cm)	m³	5505038新	—	215.186
9	其他材料费	元	7801001	287.5	230.0
10	设备摊销费	元	7901001	3328.9	3093.1
11	2.0m³ 以内轮胎式装载机	台班	8001047	7.06	7.06
12	60t/h 以内沥青混合料拌和设备	台班	8003048	4.70	4.70
13	1.0t 以内机动翻斗车	台班	8007046	9.41	9.41
14	基价	元	9999001	630287	590780

2-2-24新 辊轴整平机摊铺水泥混凝土路面

工程内容 辊轴摊铺:1)整理下承层,放样,模板制作,安装,拆除,修理,涂脱模剂;2)辊轴摊铺整平机摊铺面层,抹平,刻纹,养护;3)切缝,灌胀缝料。
钢筋:1)传力杆及补强钢筋制作安装。

单位:表列单位

顺序号	项目	单位	代号	辊轴摊铺整平机		钢筋
				路面厚度(cm)		
				20	每增减1	1t 钢筋
				1000m² 路面		
				1	2	3
1	人工	工日	1001001	26.4	0.9	5.9
2	普 C35-42.5-4	m³	1503037	(204.0)	(10.2)	—
3	HPB300 钢筋	t	2001001	—	—	0.359
4	HRB400 钢筋	t	2001002	0.004	—	0.666
5	20~22 号铁丝	kg	2001022	—	—	5.1
6	型钢	t	2003004	0.047	—	—
7	水	m³	3005004	51.000	2.600	—
8	锯材	m³	4003002	0.130	0.010	—
9	中(粗)砂	m³	5503005	93.840	4.692	—
10	砾石 4cm(混凝土)	m³	5505034新	169.320	8.462	—

续前页
单位:表列单位

顺序号	项目	单位	代号	辊轴摊铺整平机 路面厚度(cm)		钢筋
				20	每增减1	
				1000m² 路面		1t 钢筋
				1	2	3
11	聚氨酯胶泥	t	5003511新	0.130	0.010	-
12	42.5级水泥	t	5509002	75.888	3.795	-
13	其他材料费	元	7801001	84.5	3.3	-
14	电动混凝土切缝机	台班	8003085	0.23	0.01	-
15	6000L以内洒水汽车	台班	8007041	0.29	0.09	-
16	辊轴水泥混凝土摊铺整平机15kW以内	台班	8025019新	0.62	0.01	-
17	刻纹机 CW-1000 推式	台班	8025027新	0.20	-	-
18	小型机具使用费	元	8099001	47.0	1.3	-
19	基价	元	9999001	48509	2454	4011

注:定额中不含混凝土拌和、运输费用,需要时按部颁预算定额计算。

2–2–25新　沥青碎石同步封层

工程内容　1)清理下承层;2)撒布沥青和碎石;3)人工找补;4)碾压;5)初期养护。

单位:1000m²

顺序号	项　目	单位	代　号	同步碎石封层
				1
1	人工	工日	1001001	7.1
2	石油沥青	t	3001001	1.200
3	路面用碎石(1.5cm)	m³	5505017	15.030
4	其他材料费	元	7801001	22.5
5	3.0m³以内轮胎式装载机	台班	8001049	0.39
6	12~15t光轮压路机	台班	8001081	0.68
7	16~20t以内轮胎式压路机	台班	8003067	0.68
8	同步碎石封层车	台班	8003095	0.29
9	机动路面清扫机	台班	8003102	0.11
10	20t以内自卸汽车	台班	8007019	0.41
11	10000L以内洒水汽车	台班	8007043	0.47
12	12m³/min以内机动空气压缩机	台班	8017050	0.19
13	小型机具使用费	元	8099001	40.3
14	基价	元	9999001	11083

第四章 桥涵工程

说 明

1. 本章定额包括现浇混凝土缘(帽)石、平板拖车运输钢管拱钢构件、钢管拱主管制作、钢管拱平弦件制作及组焊、钢管拱喷砂除锈、钢管拱喷铝、钢管拱喷漆等项目。

2. 钢管拱主管制作包括:拱肋横撑、K撑、吊杆孔结构及拱脚基座等附件;钢板卷管制作不分壁厚按不同管径,以10t成管净质量为计量单位。

3. 钢管拱平弦件制作及组焊定额的平弦件主要指缀板和桁架结构的横向平弦杆、竖杆及斜腹杆,定额工程量为缀板和平弦件的数量,定额中已包括安装时的临时连接等消耗。

4. 钢管制作主拱肋不分壁厚按不同管径计算,直径按100mm分级,不足第一个分级单位的,均按第一个分级单位计算;超过一个分级单位时,其分级尾数不足一个分级单位的,均按一个分级单位计算。定额已包括焊缝的检测。

5. 钢管拱平弦件采用钢板、型钢或成品管加工制作。若平弦件采用钢板卷管,平弦件加工应选用钢管拱主管制作定额,钢板操纵损耗按6%计算。

6. 桁架结构的平弦件制作定额中的主材,是指构成桁架结构的型钢(角钢、工字钢、槽钢、扁钢等)材料。定额使用时应根据设计的材料类型及数量进行综合。

7. 钢管拱定额使用中应注意区分设计钢材的型号、质量和价格。钢管拱制作定额的设备摊销费为钢板制管、扩大与拼装(组焊)的加工胎具费用。定额根据结构部位平均分摊计入主管、平弦件制作和组焊有关定额中。

8. 钢管拱肋断面为哑铃形结构(腹板为缀板结构)时,主管制作定额中的设备摊销费按50%计,但对两肢以上的多肢拱肋结构,则不调整。

9. 对于跨径大于250m的钢管拱桥,钢管拱制作定额的设备摊销费提高50%。

10. 钢管拱的安装运输按钢构件运输定额计算。运距不足第一个50m或1km者均按50m、1km计;超过第一个定额运距单位时,其运距尾数不足一个定额单位的半数时不计,超过半数时按一个定额运距单位计。

11. 钢管拱喷砂除锈、喷铝、喷漆定额工程量按钢板厚度或结构形式的面积(单面)计算。缀板、型钢平弦件和其他部位钢结构除锈,采用钢管外壁定额。

12. 钢管拱加工制作所用混凝土底座、吊装缆索、塔架、地锚等执行相关定额。

13. 钢管拱卷制加工至吊装工地运距在15km(含15km)以内时执行平板拖车运输定额,超过15km时,按相应货物等级及运价计算。

4－6－17新　现浇混凝土缘(帽)石

工程内容　混凝土浇筑:1)组合钢模组拼拆及安装,拆除,修理,涂脱模剂,堆放;2)浇筑,捣固及养护。
　　　　　　钢筋:1)钢筋除锈,制作,焊接及绑扎。

单位:表列单位

顺序号	项目	单位	代号	混凝土 10m³实体	钢筋 1t
				1	2
1	人工	工日	1001001	16.8	8.4
2	普C30-42.5-4	m³	1503035	(10.2)	—
3	HPB300钢筋	t	2001001	—	0.308
4	HRB400钢筋	t	2001002	—	0.717
5	20~22号铁丝	kg	2001022	—	5.10
6	型钢	t	2003004	0.017	—
7	组合钢模板	t	2003026	0.026	—
8	电焊条	kg	2009011	—	3.6
9	铁件	kg	2009028	69.7	—
10	水	m³	3005004	12.000	—
11	原木	m³	4003001	0.030	—
12	锯材	m³	4003002	0.050	—

续前页 单位:表列单位

顺序号	项 目	单位	代 号	混 凝 土 10m³ 实体 1	钢 筋 1t 2
13	中(粗)砂	m³	5503005	4.694	—
14	砾石4cm(混凝土)	m³	5505034新	8.467	—
15	42.5级水泥	t	5509002	3.621	—
16	其他材料费	元	7801001	57.3	—
17	32kV·A以内交流电弧焊机	台班	8015028	—	0.60
18	小型机具使用费	元	8099001	1.6	13.8
19	基价	元	9999001	4566	4418

4-8-8新 平板拖车运输钢管拱钢构件

工程内容 1)挂钩,起吊,装车,固定钢管拱;2)等待装卸;3)掉头及空回;4)空回。

单位:10t 钢构件

顺序号	项目	单位	代号	第一个1km 龙门架装车 构件质量(t)		
				25以内	50以内	80以内
				1	2	3
1	人工	工日	1001001	0.4	0.4	0.4
2	铁件	kg	2009028	0.2	0.2	0.2
3	锯材	m³	4003002	0.015	0.015	0.015
4	其他材料费	元	7801001	2.4	2.4	2.4
5	30t以内平板拖车组	台班	8007025	0.21	—	—
6	60t以内平板拖车组	台班	8007028	—	0.21	—
7	80t以内平板拖车组	台班	8007029	—	—	0.21
8	40t以内轮胎式起重机	台班	8009022	—	—	—
9	50t以内轮胎式起重机	台班	8009023	—	—	—
10	60t以内轮胎式起重机	台班	8009024	—	—	—
11	50kN以内单筒慢动电动卷扬机	台班	8009081	0.25	—	—
12	100kN以内单筒慢动电动卷扬机	台班	8009083	—	0.25	0.25
13	小型机具使用费	元	8099001	3.4	3.4	3.4
14	基价	元	9999001	363	463	591

续前页 单位:10t 钢构件

顺序号	项目	单位	代号	第一个 1km 起重机装车 构件质量(t)			每增运 1km 起重机装车 构件质量(t)		
				25 以内	50 以内	80 以内	25 以内	50 以内	80 以内
				4	5	6	7	8	9
1	人工	工日	1001001	0.3	0.3	0.3	-	-	-
2	铁件	kg	2009028	0.2	0.2	0.2	-	-	-
3	锯材	m³	4003002	0.015	0.015	0.015	-	-	-
4	其他材料费	元	7801001	2.4	2.4	2.4	-	-	-
5	30t 以内平板拖车组	台班	8007025	0.21	-	-	0.07	-	-
6	60t 以内平板拖车组	台班	8007028	-	0.21	-	-	0.07	-
7	80t 以内平板拖车组	台班	8007029	-	-	0.21	-	-	0.07
8	40t 以内轮胎式起重机	台班	8009022	0.17	-	-	-	-	-
9	50t 以内轮胎式起重机	台班	8009023	-	-	0.34	-	-	-
10	60t 以内轮胎式起重机	台班	8009024	-	0.17	-	-	-	-
11	50kN 以内单筒慢动电动卷扬机	台班	8009081	-	-	-	-	-	-
12	100kN 以内单筒慢动电动卷扬机	台班	8009083	-	-	-	-	-	-
13	小型机具使用费	元	8099001	0.8	0.8	0.8	0.2	0.2	0.2
14	基价	元	9999001	559	740	1095	83	109	151

4－10－17新 钢管拱主管制作

工程内容 1)施工准备;2)胎具制作,划线,号料,切割,坡口,压头,卷管,找圆,组对,点焊,焊接;3)超声波和X光射线检测; 4)堆放。

单位:10t

顺序号	项目	单位	代号	钢板卷管制作		钢管制作拱肋主管	
				φ500mm以内	φ1200mm以内	φ300mm以内	直径每增加100mm
				1	2	3	4
1	人工	工日	1001001	295.7	213.6	52.3	0.6
2	钢板	t	2003005	11.024	11.024	－	－
3	钢管	t	2003008	－	－	10.400	－
4	电焊条	kg	2009011	731.1	456.4	142.0	1.66
5	其他材料费	元	7801001	5870.5	4177.1	1118.5	14.1
6	设备摊销费	元	7901001	7155.5	7155.5	7155.5	83.7
7	20t以内汽车式起重机	台班	8009029	9.19	14.97	10.40	0.12
8	32kV·A以内交流电弧焊机	台班	8015028	96.63	60.78	18.76	0.22
9	60cm×50cm×75cm电焊条烘干箱	台班	8015058	17.19	9.13	3.33	0.04
10	20×2500mm剪板机	台班	8025031新	1.08	0.87	0.22	0.01
11	12000mm刨边机	台班	8025034新	1.90	1.38	0.36	0.01
12	20×2500mm卷板机	台班	8025035新	6.08	4.00	－	－
13	超声波探伤机	台班	8025049新	26.29	19.51	7.66	0.09
14	X射线探伤机	台班	8025050新	19.67	14.60	0.38	0.01
15	小型机具使用费	元	8099001	740.0	513.0	128.8	1.5
16	基价	元	9999001	131568	115815	76423	392

4−10−18新　钢管拱平弦件制作及组焊

工程内容　1)施工准备;2)胎具制作,放样,号料,切割,剪切,坡口,组对,点焊,组焊;3)试拼,校正;4)超声波和 X 光射线检测;5)清理现场。

单位:10t

顺序号	项目	单位	代号	钢管拱平弦件制作及组焊	
				缀板形式	桁架形式
				1	2
1	人工	工日	1001001	228.8	291.2
2	钢板	t	2003005	10.600	−
3	电焊条	kg	2009011	591.6	302.8
4	高强螺栓	kg	2009047	5.5	5.0
5	平弦件主材	t	5513006新	−	10.600
6	其他材料费	元	7801001	8499.9	4966.2
7	设备摊销费	元	7901001	3589.3	13417.5
8	20t 以内汽车式起重机	台班	8009029	6.59	8.90
9	32kV·A 以内交流电弧焊机	台班	8015028	67.73	54.60
10	60cm×50cm×75cm 电焊条烘干箱	台班	8015058	10.00	5.50
11	20×2500mm 剪板机	台班	8025031新	2.77	3.90
12	12000mm 刨边机	台班	8025034新	4.56	−

续前页

单位:10t

顺序号	项 目	单位	代 号	钢管拱平弦件制作及组焊	
				缀板形式	桁架形式
				1	2
13	超声波探伤机	台班	8025049新	38.45	26.30
14	X射线探伤机	台班	8025050新	28.77	19.10
15	φ35mm以内立式钻床	台班	8025054新	2.89	7.50
16	型钢矫正机	台班	8025053新	-	2.60
17	小型机具使用费	元	8099001	805.0	797.0
18	基价	元	9999001	118859	112826

4−10−19新　钢管拱喷砂除锈

工程内容　1）准备工作；2）搭拆脚手架；3）运砂，筛砂，装砂，喷砂，砂子回收；4）现场清理。

单位：10m²

顺序号	项目	单位	代号	钢管喷砂除锈	
				内壁	外壁
				1	2
1	人工	工日	1001001	2	1.3
2	其他材料费	元	7801001	48.8	40.3
3	20t以内汽车式起重机	台班	8009029	0.05	0.05
4	10m³/min以内电动空气压缩机	台班	8017044	0.39	0.26
5	小型机具使用费	元	8099001	57.2	52.5
6	基价	元	9999001	539	398

4-10-20新 钢管拱喷铝

工程内容 1)准备工作;2)搭拆脚手架;3)运料、铝丝脱脂、清洗、连接管路、试喷、喷镀、工机具维护。

单位:10m²

顺序号	项 目	单位	代 号	喷 铝
				1
1	人工	工日	1001001	5.5
2	铝丝	kg	2009502新	9.7
3	水	m³	3005004	1
4	其他材料费	元	7801001	97.7
5	20t以内汽车式起重机	台班	8009029	0.05
6	10m³/min以内电动空气压缩机	台班	8017044	0.86
7	7.5kW以内轴流式通风机	台班	8023001	1.73
8	热喷涂铝机	台班	8025048新	0.86
9	基价	元	9999001	1692

4－10－21新　钢管拱喷漆

工程内容　1)工作准备;2)搭拆脚手架;3)配漆、喷漆、现场及机具清理。

单位:10m²

顺序号	项目	单位	代号	防锈漆		调合漆	
				第一遍	每增一遍	第一遍	每增一遍
				1	2	3	4
1	人工	工日	1001001	1.0	0.9	1.0	0.9
2	酚醛防锈漆(各色)	kg	5009450新	1.7	1.5	－	－
3	酚醛磁漆(各色)	kg	5009451新	－	－	1.4	1.2
4	其他材料费	元	7801001	13.1	12.2	11.4	10.1
5	20t以内汽车式起重机	台班	8009029	0.07	0.07	0.07	0.07
6	3m³/min以内电动空气压缩机	台班	8017042	0.09	0.08	0.08	0.08
7	小型机具使用费	元	8099001	14.2	13.9	14.2	13.9
8	基价	元	9999001	251	236	250	235

第六章 绿化及环境保护工程

说　明

1. 本章定额包括人工换土、整理绿化地两项。

6-1-12新 人工换土

工程内容 1) 装、运种植土到坑边。

单位:100株

顺序号	项目	单位	代号	乔灌木根系(裸根)直径(cm)					乔灌木土球直径(cm)				
				20	30	40	50	60	70	80	100	120	140
				1	2	3	4	5	6	7	8	9	10
1	人工	工日	1001001	1.8	2.0	2.5	3.5	6.9	9.4	15.4	21.3	28.7	38.1
2	种植土	m^3	5501007	2.0	3.0	8.0	11.0	21.0	28.0	50.0	64.0	87.0	116.0
3	基价	元	9999001	215	248	359	500	978	1325	2219	3009	4064	5401

续前页

单位:100株

顺序号	项目	单位	代号	裸根乔木胸径(cm)										裸根灌木冠丛高(cm)			
				4	6	8	10	12	14	16	18	20	24	100	150	200	250
				11	12	13	14	15	16	17	18	19	20	21	22	23	24
1	人工	工日	1001001	1.0	1.5	3.0	5.0	7.5	11.4	15.8	21.3	27.7	40.1	0.5	1.0	1.5	3.0
2	种植土	m³	5501007	4.0	8.0	14.0	25.0	38.0	57.0	80.0	108.0	141.0	203.0	2.0	4.0	8.0	14.0
3	基价	元	9999001	153	253	482	823	1240	1876	2611	3522	4587	6627	76	153	253	482

6-1-13新 整理绿化地

工程内容 1)清理场地;2)30cm内地表土填、挖、找平。

单位:1000m²

顺序号	项 目	单位	代 号	人工整理 1	机械整理 2
1	人工	工日	1001001	24.8	1.5
2	其他材料费	元	7801001	9.7	9.7
3	135kW以内履带式推土机	台班	8001006	-	0.45
4	基价	元	9999001	2645	889

第八章 材料采集及加工

说 明

1. 本章定额包括采砂、砾石、砂砾,机械轧碎石,联合碎石设备安拆三个项目。
2. 当机械采堆与筛分砂砾联合作业时,根据筛分成品率不同,采堆定额分别乘以下系数。

筛分成品率(%)	90以上	90以内	70以内	50以内
堆采系数	1.1	1.1~1.3	1.3~1.5	1.5~1.7

3. 机械轧碎石适用于沥青路面面层碎石的加工筛分。

8–1–12新 采砂、砾石、砂砾

工程内容 1)安置机械(到位);2)挖(堆)集料;3)上料,筛分,送料,堆料。

单位:100m³ 堆方

顺序号	项 目	单位	代号	机械采砂	
				采筛堆	采筛洗堆
				成品率(%)	
				30 以内	30 以内
				1	2
1	人工	工日	1001001	2.2	2.5
2	水	m³	3005004	—	50
3	105kW 以内履带式推土机	台班	8001004	0.60	0.60
4	2.0m³ 以内履带式装载机	台班	8001042	0.83	0.83
5	10m×0.5m 皮带运输机	台班	8009108	1.65	1.65
6	8~20m³/h 滚筒式筛分机	台班	8015081	0.83	0.75
7	小型机具使用费	元	8099001	51.6	90.8
8	基价	元	9999001	2543	2732

续前页

单位:100m³ 堆方

顺序号	项目	单位	代号	机械采筛砾石							
				采筛堆				采筛洗堆			
				成品率(%)							
				30以内	50以内	70以内	70以上	30以内	50以内	70以内	70以上
				3	4	5	6	7	8	9	10
1	人工	工日	1001001	2.6	1.9	1.2	0.7	2.6	1.9	1.2	0.7
2	水	m³	3005004	-	-	-	-	30	30	30	30
3	105kW以内履带式推土机	台班	8001004	0.68	0.54	0.41	0.27	0.68	0.54	0.41	0.27
4	135kW以内履带式推土机	台班	8001006	-	-	-	-	-	-	-	-
5	1.0m³以内履带式液压单斗挖掘机	台班	8001027	-	-	-	-	-	-	-	-
6	2.0m³以内履带式液压单斗挖掘机	台班	8001030								
7	2.0m³以内履带式装载机	台班	8001042	0.99	0.71	0.44	0.28	0.99	0.71	0.44	0.28
8	10t以内自卸汽车	台班	8007015	-	-	-	-	-	-	-	-
9	10m×0.5m皮带运输机	台班	8009108	2.97	2.12	1.33	0.83	2.97	2.12	1.33	0.83
10	8~20m³/h滚筒式筛分机	台班	8015081	0.99	0.71	0.44	0.28	0.99	0.71	0.44	0.28
11	小型机具使用费	元	8099001	49.0	49.0	49.0	49.0	87.2	87.2	87.2	87.2
12	基价	元	9999001	3157	2342	1564	1014	3277	2461	1684	1134

续前页

单位:100m³ 堆方

顺序号	项目	单位	代号	采堆砂砾				筛分砂砾			
				挖掘机斗容量(m³)		推土机功率(kW)		滚筒筛分 成品率(%)			
				1.0	2.0	90以内	105以内	90以上	90以内	70以内	50以内
				11	12	13	14	15	16	17	18
1	人工	工日	1001001	0.1	0.1	-	-	0.1	0.1	0.1	0.1
2	其他材料费	元	7801001	-	-	-	-	-	-	-	-
3	90kW以内履带式推土机	台班	8001003	-	-	0.31	-	-	-	-	-
4	105kW以内履带式推土机	台班	8001004	-	-	-	0.25	-	-	-	-
5	1.0m³以内履带式液压单斗挖掘机	台班	8001027	0.19	-	-	-	-	-	-	-
6	2.0m³以内履带式液压单斗挖掘机	台班	8001030	-	0.15	-	-	-	-	-	-
7	2.0m³以内履带式装载机	台班	8001042	-	-	-	-	0.16	0.17	0.19	0.20
8	10t以内自卸汽车	台班	8007015	0.02	0.02	-	-	-	-	-	-
9	10m×0.5m皮带运输机	台班	8009108	-	-	-	-	0.16	0.17	0.19	0.20
10	8~20m³/h滚筒式筛分机	台班	8015081	-	-	-	-	0.16	0.17	0.19	0.20
11	小型机具使用费	元	8099001	-	-	-	-	31.2	31.2	31.2	31.2
12	基价	元	9999001	253	251	325	295	312	329	363	380

8-1-13新 机械轧碎石

工程内容 1)人工配合装载机取运片石;2)机械一、二级破碎,振动筛分机筛分碎石;3)皮带运输机送料;成品料堆方。

单位:100m³ 堆方

顺序号	项目	单位	代号	破碎、筛分			
				碎石规格(最大粒径cm)			石屑
				1.5	2.5	3.5	0.3~0.8cm
				1	2	3	4
1	人工	工日	1001001	3.8	2.5	1.8	1.2
2	开采片石	m³	5505006	117.600	115.900	114.000	-
3	3.0m³以内轮胎式装载机	台班	8001049	0.94	0.62	0.44	0.23
4	10m×0.5m皮带运输机	台班	8009108	3.75	2.49	2.21	4.50
5	600mm×900mm电动颚式破碎机	台班	8015065	0.94	0.62	0.44	-
6	120t/h偏心振动筛	台班	8015083	0.94	0.62	0.44	0.38
7	反击式破碎机	台班	8025040新	0.94	0.62	0.44	-
8	小型机具使用费	元	8099001	95.6	63.5	45.1	-
9	基价	元	9999001	6572	5239	4547	1306

8-1-14新 联合碎石设备安拆

工程内容 1)放样;2)浇筑碎石设备基座的全部工作;3)上料台土方填筑、浆砌上料台;4)碎石设备的安装、拆除,平整场地,竣工后拆除清理。

单位:1座

顺序号	项目	单位	代号	生产能力(t/h) 50以内
				1
1	人工	工日	1001001	177.2
2	M7.5水泥砂浆	m³	1501002	(7.0)
3	普C30-42.5-4	m³	1503035	(50.5)
4	HPB300钢筋	t	2001001	0.089
5	8~12号铁丝	kg	2001021	0.4
6	型钢	t	2003004	0.076
7	钢板	t	2003005	0.700
8	组合钢模板	t	2003026	0.149
9	铁件	kg	2009028	71.3
10	水	m³	3005004	62.000
11	原木	m³	4003001	0.050
12	锯材	m³	4003002	0.022
13	中(粗)砂	m³	5503005	28.501
14	42.5级水泥	t	5509002	20.146
15	片石	m³	5505005	23.000

续前页

单位:1座

顺序号	项目	单位	代号	生产能力(t/h)
				50以内
				1
16	砾石4cm(混凝土)	m³	5505034新	42.419
17	其他材料费	元	7801001	279.9
18	3.0m³以内轮胎式装载机	台班	8001049	7.50
19	250L以内强制式混凝土搅拌机	台班	8005002	3.18
20	1.0t以内机动翻斗车	台班	8007046	4.20
21	20t以内汽车式起重机	台班	8009029	4.65
22	小型机具使用费	元	8099001	542.9
23	基价	元	9999001	53480

附录一 新增材料代号、单位质量、基价表

序号	项目名称	代号	单位	单位质量(kg)	场外运输损耗率(%)	装卸费(元)	采购保管费率(%)	基价(元)	备注
1	水泥浆(42.5,水灰比1.0)	1501024新	m³	1510				258.21	
2	水泥粉煤灰浆液	1501025新	m³	1510				138.63	
3	回收沥青路面材料(RAP)	1505050新	m³						
4	细粒式沥青再生混凝土	1505051新	m³						
5	中粒式沥青再生混凝土	1505052新	m³						
6	粗粒式沥青再生混凝土	1505053新	m³						
7	丙烷	3003004新	kg	1				5.50	
8	沥青再生剂	5003011	t	1000	2			12600.00	
9	级配砂砾	5505031新	m³	1700				30.10	
10	砾石4cm(混凝土)	5505034新	m³	1650				39.81	
11	砾石8cm(混凝土)	5505036新	m³	1650				33.01	
12	路面用砾石1.5cm	5505037新	m³	1650				45.63	

续前页

序号	项目名称	代号	单位	单位质量（kg）	场外运输损耗率（%）	装卸费（元）	采购保管费率（%）	基价（元）	备注
13	路面用砾石2.5cm	5505038新	m³	1650				39.81	
14	平弦件主材	5513006新	t	1000	6			2564.1	
15	φ50mmPPR注浆管	5001840新	m					30.00	
16	聚氨酯胶泥	5003511新	t	1170				11965.81	
17	酚醛防锈漆(各色)	5009450新	kg	1				9.67	
18	酚醛磁漆(各色)	5009451新	kg	1				13.44	
19	铝丝	2009502新	kg	1				17.09	
20	φ89mm全破碎复合片钻头	2009503新	个					1200.00	
21	φ110mm潜孔钻头	2009505新	个					1100.00	
22	HD35潜孔冲击器	2009506新	个					3800.00	
23	φ127mm复合片取芯钻头	2009508新	个					900.00	
24	φ73mm岩心管	2009509新	m					100.00	
25	φ127mm岩心管	2009510新	m					120.00	
26	φ50mm钻杆	2009511新	m					100.00	
27	φ50mm钻杆锁接手	2009512新	副					110.00	
28	φ89mm钻杆	2009513新	m					200.00	
29	φ89mm钻杆锁接手	2009514新	副					230.00	
30	φ120mm法兰盘	2009515新	个					35.00	
31	格宾网(孔径80mm×100mm)	2009516新	m²					18.42	

附录二 新增机械台班费用定额

	代号	单位	8025019 新	8025020 新	8025021 新	8025022 新	8025023 新	8025024 新	8025027 新	8025031 新
	费用项目		辊轴水泥混凝土摊铺整平机15kW以内	就地热再生加热复拌机（红外加热方式）	注浆泵	就地热再生路面加热机（红外加热方式）	320t/h以内固定式沥青冷再生厂拌设备	XU-100型地质钻机	刻纹机CW-1000推式	20×2500mm剪板机
不变费用	折旧费	元	74.20	10781.55	3.34	3040.95	1382.25	32.36	41.47	134.53
	检修费	元	7.96	4596.80	4.12	1296.54	589.34	3.46	4.42	13.74
	维护费	元	16.07	14475.76	14.26	4082.92	1855.87	16.68	8.98	6.92
	安拆辅助费	元	-	-	1.68	-	-	1.54	135.00	-
	小计	元	98.23	29854.11	23.40	8420.41	3827.46	54.03	189.87	155.20
可变费用	人工	工日	3.00	4.00	-	2.00	6.00	1.00	2.00	1.25
	汽油	kg	-	-	-	-	-	-	-	-
	柴油	kg	-	288.12	-	88.20	-	15.40	-	-
	电	kW·h	133.00	-	70.00	-	1411.20	-	79.00	57.00
	丙烷	kg	-	662.02	-	1214.08	-	-	-	-
	小计	元	431.89	6209.84	59.50	7546.21	1837.20	220.86	279.71	181.30
	基价	元	530.12	36063.95	82.90	15966.62	5664.66	274.89	469.58	336.50

续前页

代号	单位	8025034 新	8025035 新	8025040 新	8025048 新	8025049 新	8025050 新	8025053 新	8025054 新
费用项目		12000mm 刨边机	20×2500mm 卷板机	反击式破碎机	热喷涂铝机	超声波探伤机	X射线探伤机	型钢矫正机	φ35mm以内立式钻床
不变费用 折旧费	元	415.12	71.38	119.91	59.54	18.10	49.65	15.95	17.78
检修费	元	39.51	10.87	15.50	11.69	8.60	11.01	9.57	5.88
维护费	元	42.93	8.50	213.30	12.58	16.24	25.29	14.59	5.43
安拆辅助费	元	-	-	7.77	-	2.99	3.98	-	-
小计	元	497.56	90.75	356.48	83.81	45.94	89.93	40.12	29.09
可变费用 人工	工日	2.50	1.25	1.00	3.00	1.25	1.25	0.00	1.25
汽油	kg	-	-	-	-	-	-	-	-
柴油	kg	-	-	-	-	-	-	-	-
电	kW·h	75.90	64.10	210.00	-	33.50	9.75	78.00	6.45
丙烷	kg	-	-	-	-	-	-	-	-
小计	元	330.22	187.34	284.78	318.84	161.33	141.14	66.30	138.33
基价	元	827.78	278.09	641.26	402.65	207.27	231.07	106.42	167.42

续前页

费用项目		代号	单位	8025055新	8025056新	8025057新	8025058新	8003110新			
				HJG300C水井钻机	XY-4型地质钻机（200m）	电动搅拌机	泥浆泵（BW-250）	2000mm轮式就地冷再生机			
不变费用	折旧费		元	173.09	56.48	6.18	63.57	3206.25			
	检修费		元	35.22	17.44	2.37	4.61	1339.85			
	维护费		元	93.69	46.39	8.18	16.14	2681.21			
	安拆辅助费		元	-	15.66	2.00	-	-			
	小计		元	302.00	135.97	18.73	84.32	7227.31			
可变费用	人工		工日	1.39	1.39	-	2.50	6.00			
	汽油		kg	-	-	-	-	-			
	柴油		kg	22.10	17.50	-	-	312.68			
	电		kW·h	-	-	32.00	15.00	-			
	丙烷		kg	-	-	-	-	-			
	小计		元	312.15	277.93	27.20	278.45	2964.02			
	基价		元	614.15	413.90	45.93	362.77	10191.33			